# سلسلة أوراق فكرية 2

## ما قبل نقاش شكل النظام السياسي

# الإسلاميون والدولة الحديثة

ممدوح الشيخ

الكتاب: الإسلاميون والدولة الحديثة

المؤلف: ممدوح الشيخ

# مدخل

**4**

لا يحتاج باحث، مهما كان حرصه على التأصيل أو التدقيق، إلى كثير ليقرر أن الدولة شكل قديم للتنظيم السياسي كانت له مبكراً جداً في التاريخ الإنساني ملامح وسمات مشتركة. وفي حدود ما نعرفه من التاريخ الإنساني المكتوب، فإن هذه "**الدولة**" تطورت في سياقات متباينة جعلت الفكرة لمجردة للدولة فكرة حديثة نسبياً، وبالتحديد بعد أن أصبحت معرفة الأمم بالتجارب السياسية للأمم الأخرى من خلال كتابات علمية، حلت

بالتدريج محل صورة الدولة المستقاة من كتابات المؤرخين والرحالة التي اختلط فيها الغث بالسمين.

ومنذ أن بدأت فكرة تصدير **"النموذج السياسي"** عقب انتصار الثورة الفرنسية، أصبح هناك تصورات نظرية تتصارع في فضاء الأفكار ــ وعلى الأرض ــ وأصبحت **"الدولة"** فكرة فيها من التجريد بأكثر مما فيها من الواقع المتعين، وأصبح هناك نماذج ومدارس في الفهم والتنظير أيضاً.

وحالياً يتم الحديث عن **"الدولة"** في طبعتها الأوربية من خلال ثلاث مصطلحات:

- **الدولة الحديثة.**

- **الدولة القومية.**

● **الدولة المركزية.**

وهي رغم استخدامها في الكثير من الأدبيات بالمعنى نفسه إلا أنها ليست متطابقة على الإطلاق.

وهذه **"الدولة"** الأوروبية ولدت من خلال متغيرات ثلاثة:

فقد وضع صدور كتاب **"الأمير"** لنيقولا ميكيافيللي أساسها الأخلاقي.

بينما وضعت الثورة الفرنسية أساسها الفكري.

وهي ولدت سياسياً بعقد صلح وستفاليا.

ومع مطلع القرن الحادي والعشرين يبدو العالم كأنه عاد إلى ما قبل صلح وستفاليا.

ويصقد بـ "**صلح وستفاليا**" تلك الاتفاقية التي عقدت عام 1648 ويعتبرها المؤرخون البداية الحقيقية للعصر الحديث وقد أنهى "**صلح وستفاليا**" حروباً ضارية بين الدول الدينية والعلمانية في أوروبا وأسس "**الدولة القومية الحديثة**"، وقد كانت الاتفاقية نتيجة غير مباشرة للإصلاح الديني الذي قاده مارتن لوثر فأسس المذهب البروتستانتي، وبعد قرون يحتضن المذهب البروتستنانتي – في التجربة الأمريكية – عملية تاريخية لإعادة الصلة بين الدين والسياسة بل بين الدين والحياة العامة كلها تبدو معها البشرية كما لو كانت تعود إلى ما قبل صلح وستفاليا.

وقد وقعت الاتفاقية بعد سلسلة من الحروب الدموية ليس فقط بين البابا والبروتستانت بل أيضاً

بين طوائف البروتستانت أنفسهم وأكبر دليل على ذلك، اندلاع **"حرب الثلاثين عاما"** (1618 – 1648) التي مثلت عراكاً شرساً بين اللوثريين والكلفانيين وهي جماعة نشأت من رحم الحركة اللوثرية وانشقت عنها فيما بعد، وهي حرب لم تضع الحرب أوزارها إلا بعد انعقاد مؤتمر كبير، سُمي بصلح وستفاليا (نسبة إلى منطقة وستفاليا الواقعة في غرب ألمانيا)، حيث شارك فيه 121 مندوباً من ممثلي الحكومات الأوروبية.

وقد اتفق هؤلاء المندوبون على وضع نهاية للحروب الدينية في ألمانيا وإدخال الطوائف الدينية الثلاث: الكاثوليكية واللوثرية والكلفانية تحت مظلة التسامح الديني. إلا أن الأهم من ذلك كان اشتمال المؤتمر على تجريد السلطة البابوية من حق

التدخل في شئون الكيانات السياسية الأوروبية، ومن ثم تأسيس العلمنة السياسية في عالم الغرب.

وقد أسفرت التجربة القاسية مع السلطة البابوية عن مثل هذا الانقلاب الفكري، فالتجربة انتهت ليس فقط إلى معاقبة السلطة الدينية بل معاقبة الدين ذاته، حيث لم تتم التفرقة بين الدين كعقيدة وبين الممارسين الذين أساءوا استخدامه فكان الدين هو الضحية، حيث سحب من الحياة سحباً مُطلقاً وكان يراد له أن يكون أبديا.

وجاءت الثورة الفرنسية (1789) لتؤسس الفصل التام النهائي بين الدين والدولة وأصبحت المرجعية السياسية للكيانات السياسية الأوروبية الحديثة كافة بحيث لم تعد قضية الانفصال بينهما

مما يقبل النقاش. وربما أصبحت مستقرة في العقل الوجدان الغربيين بحيث لم تعد موضع نقاش.

# بين الخلافة والدولة

تمر المنطقة العربية بلحظة لم تشهدها منذ عشرات السنين على وقع تداعي عدة أنظمة سياسية في فترة قصيرة بدأت بسقوط النظام التونسي مطلع العام الجاري، وحتى الآن لم تتوقف عجلة دوران هذا التداعي بعد. وكما هو متوقع، كلما مرت المنطقة العربية بأزمات سياسية حادة، يعاد طرح أسس ومبادئ عامة ومناقشة مفاهيمها من جديد، لكن ربما دون تجديد.

وتعاني مجتمعات عربية عديدة أزمة في بناء **"الدولة"**، ويرى مفكرون غربيون أن غياب الاستقرار في بلدان نامية كثير نتيجة للعجز عن تحديد مفهوم الدولة والأسس والأنماط المعيارية (أخلاقياً وتنفيذياً) التي تحكم المجتمع، حيث لا يزال الصراع مستمراً لتحديد هذه الأسس.

ويرجع البعض ذلك إلى أنه بعد الاستعمار انبعثت الدولة في كثير من مناطق العالم الثالث كمفهوم قانوني لها شرعية دولية، رغم غياب العوامل الاجتماعية والتنظيمية والاقتصادية التي تتطلب نشوء دولة كحقيقة واقعة، بينما في الغرب، مثلاً، نشأت الدول ككيانات اجتماعية اقتصادية سياسية عسكرية ثم حاولت أن تحصل على اعتراف قانوني يشرِّع وجودها.. ومن ثم فإن ذلك

أعاق بعض دول العالم الثالث من إنتاج عوامل ولادتها الطبيعية وبناء دولة فعلية([1]).

وثمة من يرى أن فكرة الدولة في الفكر السياسي العربي الإسلامي الحديث، كانت فكرة أيديولوجية وليست مشروعاً معرفياً نهضوياً حقيقياً كما أن الخلط بين مفهومي:

**"الخلافة الإسلامية"**

**و"الدولة الوطنية الحديثة".**

وكأنهما مفهوم واحد، كرس الالتباس في المفهوم. فصياغة نظرية الخلافة تعود إلى القرن الخامس الهجري وما تلاه، أي بعد تدهور مؤسسة الخلافة في الدولة العباسية (الماوردي ت 450،

---

([1]) مفهوم الدولة – مقال – الدكتور عبد الرحمن الحبيب – جريدة الجزيرة السعودية – 12 /9 /2005.

الغزالـي ت 505 هــ، ابـن جماعـة 732هـ).
ومعظمها تبلورت كأفكار مثالية حول ما يجب أن
يكون وليس كدراسة وصفية لما هو قائم بالفعل؛
لأن القـائم كـان متـدهوراً مـع تزايـد حركـات
المعارضة المختلفة.($^2$)

---

($^2$) المصدر السابق.

## صدمة المواجهة مع الغرب

ولـد الخطـاب الإسـلامي الحـديث مسـكوناً بهاجس إعـادة بنـاء الدولـة الإسـلامية منـذ بـواكيره، وذلـك بسـبب الصـدمة العنيفـة التـي ولـدها الاجتيـاح الاستعماري الغربي، وما تبع ذلك من تفكيكٍ متتـالٍ لأسس الإجماع الأهلي ومباني الشرعية التقليدية.

وقد جاءت صدمة إلغاء الخلافة العثمانية
(1924) مشفوعة بإعلان علمانية الدولة ليجعل
مطلب الدولة الإسلامية في صدارة أجندة تيار
الإسلام المعاصر، وذلك خلافاً للحركة الإحيائية
الإسلامية للقرن التاسع عشر التي تركز القسم
الأكبر من على إنقاذ ما يمكن إنقاذه من عرى
الشرعية السياسية الإسلامية ممثلة في
"الخلافة".([3])

وفي مواجهة الموجة المتجهة إلى عزل
الإسلام عن الشأن السياسي ومشاغل العصر نزع
الخطاب الإسلامي الحديث إلى رفع شعار "**الدولة**

---

([3]) **الخطاب السياسي الإسلامي ومعضلة الدولة
الحديثة** – رفيق عبد السلام – الموقع الإليكتروني لقناة
الجزيرة على الانترنت: http://www.aljazeera.net

الإسلامية" وجعـل كـل الفضـائل الأخلاقيــة والسياسية مرتبطة بها بصورة غير مسبوقة. ويرى الباحـث السيـد ولـد أبـاه أن حركـة "**الإخـوان المسلمين**" المصرية قد تبنت مشروعاً يتمحور حول فكرة "**الدولـة الإسلامية**". ورغم اختلاف التيـارات الإسلامية فإن تصوُّر الحركـة لمفهوم الدولــة الإســلامية ظـل متـواتراً فـي الخطـاب الإسلامي السائد. ويطرح ولـد أبـاه مـا يعتبره "**إشكاليات نـادراً مـا يتم التنبـه لهـا**"، رغـم أن المشروع يبدو بدهياً لدى قطاع واسع من المتأثرين بالأدبيات "**الإخوانية**".

وأهم هذه الإشكاليات:

**أولاً:**

أن مفهوم **"الدولة "**الذي يستخدم هنا خارج أي سياق تحديدي يفضي إلى الخلط والتمويه. فمن البدهي أننا، إذا تجاوزنا الإطار المشترك لمعادلة السلطة السياسية، ظهر لنا أن الدول تختلف أشد الاختلاف من حيث تركيبة الحقل السياسي ومحدداته، ونظام الحكم الذي يسيره وعلاقته بالمجتمع وضوابط وأطر الشرعية، فضلاً عن مشمولات وغائية الفعل السياسي نفسه. ودون توضيح هذه المحددات، يصبح أي كلام على الدولة في الإسلام ضرباً من اللغو. ويضيف ولد أباه أنه تتعين الإشارة للفرق بين ثلاثة نماذج قديمة من الدولة سبقت تجربة الخلافة، وكان لها تأثير جلي على الفكر السياسي الإسلامي الوسيط، وهي:

**"الديمقراطية اليونانية"** وسمتها الغالبة النظر للمدينة بصفتها التعبير عن الجوهر السياسي

للإنسان (مقولة مدنية الإنسان بالطبع)، وهو ما يحوِّل الفعل السياسي لإطار تداولي حر، ومن ثم دور الخطابة والفلسفة حول الشأن السياسي. وفي المدينة اليونانية لا يدخل الدين في النسيج السياسي، حيث الظاهرة الأبرز: أنسنة الآلهة المتعددة وخضوعها للنظام البشري.

## النموذج الثاني:

"الإمبراطـوري الرومـاني" وقـام قبـل استيعاب المسيحية على فكرة مزدوجة، هي تأليه الحاكم، وتخويله سلطات مطلقة فيما هو يمارس سلطته بتفويض من مجموعة ضمن أطر مؤسسية دقيقة. وقد تحول هذا النموذج بعد عصر قسطنطين الأول الذي اعتنق المسيحية إلى ثنائية المؤسسة الدينيـة والمؤسسـة السياسية (مملكة الرب ومملكة

القيصر). وهذا النموذج استوعب الثقافة اليونانية ولم يكن لتقديس الإمبراطور فيه دلالة دينية مباشرة، إنما الغرض منه إضفاء القداسة على الشأن العام الموكول للحاكم المطلق المفوض من المجموعة.

## النموذج الثالث:

الساساني الفارسي الذي قام على فكرة الدولة الحارسة للدين المتلازمة معه (أي الديانة الزرادشتية)، ويجسده عهد أردشير الأول مؤسس الدولة.

وفي مقابل هذه النماذج، لا بد من التنبيه على ما وراء الجدل العقيم حول منزلة الدولة في الإسلام، فالبنية العقدية للدين الحنيف الجديد تميزت بالفصل الجلي بين الإيمان والأطر الجماعية

الضابطة للمعتقدات والسلوك (ما عبرت عنه ثنائية الإيمان والعمل في المباحث الكلامية الوسيطة) كما هو مذهب أغلب طوائف الأمة، والتمييز الواضح بين الأمة والدولة، بحيث يكون إطار العيش المشترك الضروري هو الجماعة، وليس سلطة الإكراه والقوة. والمبدأ الأول ينتج عنه أمر محوري، هو أن الانتماء الديني اعتقاد فردي وسلوك شخصي لا يتوقف على أي سلطة دينية أو سياسية، وأما المبدأ الثاني فينتج عنه تصور الدولة.

أما مبحث الإمامة، ففضلاً عن اعتباره من **"الظنيـات"** فإنـه لـم يكن يعني تأسيس النمـوذج الإسلامي للحكم كما يرى الإسلاميون المعاصرون مستندين لمقولـة المـاوردي وهي أن **"الإمامـة**

موضوعة لحراسة الدين وسياسة الدنيا"، وهو ما يرجعه البعض للتأثير الفارسي (عهد أردشير).

والفقهاء في العصور الوسطى ذهبوا في الغالب إلى النظر للدولة بوصفها "**سلطة إكراه وقهر**" لا مناص منها لحفظ الأمن الجماعي والدفاع عن الأمة وعقيدتها، فكانوا إذن بعيدين من التصور اليوناني/ الروماني للدولة بصفتها تعبيراً عن هوية الفرد وطبيعة الإنسان العقلية المدنية، كما كانوا بعيدين عن التصور الساساني للدولة التوأم للدين.(4)

_____

(4) مفهوم الدولة الإسلامية ومخاطر الأيديولوجيا – مقال – السيد ولد أباه – جريدة الاتحاد الإماراتية – 2 مارس 2009.

ولم يظهر مفهوم الدولة الحديثة في الفكر العربي والإسلامي دفعة واحدة، بل تشكّل على مراحل، وأدرك النهضويون من الدولة الحديثة "**التنظيمات**"، واقتصر وعيهم عند هذا الحد، ومع الكواكبي (وربما أيضاً رشيد رضا) ظهر مفهوم "**المواطنة**" التي تعتمد على الرابطة الجغرافية السياسية، وهو من أهم مفاهيم الدولة الحديثة، لكن التدقيق في تفاصيل هذا الإدراك للمواطنة في كتاباتهم، يجعلنا نجزم بأنه لم يكن واضحاً كفاية، فقط أدرك منه الجانب المتعلق بالمساوة في الحقوق والواجبات أمام السلطنة، لكنه لم يدرك بشكل جيد في الحقوق السياسية. وكان مفهوم المواطنة مقتصراً على الجانب المدني، وهذا يعزز القول بأن الوعي المتكامل بمفهوم الدولة الحديثة، أو حتى بمفاهيمها، لم يتحقق. وبقيت المسألة وعياً جزئياً،

وسرعان ما برزت أزمة الهوية وتحولت لقضية مزمنة بعد أن حل الدولة الوطنية محل الخلافة.([5])

وفي الوقت نفسه، بقي وعي مفهوم الأمة في كتابات الإصلاحيين مستنداً للرابطة الدينية، دون تحول جدي فيه، رغم ظهور تلميحات تتعلق بالوطنية والقومية العربية (العرقية) وإن بقيت مستندة بشكل كلي لمفهوم الأمة الدينية. وقطع سقوط الخلافة الطريق على تطور الوعي الإسلامي بالدولة الحديثة. وهناك من يرى أنه حصلت انتكاسات في وعي مفهوم الدولة الحديثة بأثر ظهور أيديولوجيا **"الدولة الإسلامية"**، التي

---

([5]) الإسلاميون والوعي الوسيط بالدولة الحديثة – مقال – عبد الرحمن الحاج – 2006/07/15 – جريدة الغد الأردنية.

تباطأ الوعي بها بشدة إن لم يكن قد توقف نهائياً،
وبقي وعياً وسيطاً، لا هو مكتمل، ولا هو معدوم
نهائياً.(6)

---

(6) المصدر السابق.

# ما وراء المفهوم

ووجه القصور الرئيس في تقديرنا أن نقاش الإسلاميين حول **"الدولة"** اقتصر على وجه واحد ـ غالباً ما نـوقش منفصـلا ـ مـن وجـوه مركـب ثلاثي. وأما نقاش الإسلاميين فاقتصر علـى:

- **الظاهر (الإجراءات).**

- **الخفي (الغيبيات).**

دون التعرض لواسطة العقد في بنية الفكرة، ونعني بها: نقطة التلاقي بين الغيبيات والإجراءات والقيم، فحضور ما هو غيبي في مفهوم ليس اختيار فقيه متشدد أو مدرسة فكرية محافظة، بل صفة لصيقة بمقولة **"الدولة"** كثمرة للتفاعل بين:

- الإجراءات.

- الغيبيات

- القيم.

والدولة بهذا المعنى لا يمكن تعريفها تعريفاً جامعاً مانعاً دون استكناه ما وراء المفهوم من مسبقات قد تقع **"تصنيفياً"** في عالم الفلسفة والماورائيات، لكنها تسهم بقدر كبير في تحديد

حـدود المفهـوم، وكـذلك فـي تقريـر المحرمـات والممكنات وترتيب الأولويات.

فالدولـة – بحسب عبد الرحمن الحبيب – كيـان سياسـي وإطـار تنظيمـي يوحـد المجتمـع، وموضع السيادة فيه، وتملك سلطة إصدار القوانين والسـيطرة علـى وسـائل الإكـراه وتـأمين السـلم الـداخلي والأمـن مـن العدوان الخـارجي. وتتفاوت تعريفات الدولة في الفكر السياسي الغربي، عن هذا التعريف التقليدي. وأهم التحديات لهذا المفهوم هو الطرح الماركسي الـذي يـرى أن الدولـة والمجتمـع شـيء واحـد، حيث الدولـة تعبيـر سياسـي لسـيطرة طبقـة اجتماعيـة معينـة، وأن الدولـة الرأسمالية الحديثة هـي امتداد للطبقة البرجوازية الغنية تمثل مصـالحها وتضـع لهـا قوانين وتشـريعات. والدولـة لـدى الماركسـيين هـي أعلـى تعبير سياسـي عـن

الرأسمالية كنمط إنتاج. ومهما يكن من أمر فيمكن تلخيص مفهوم الدولة الحديثة بأنها العقد الاجتماعي (دولة القانون والمؤسسات) وحقوق المواطن.. فهي سلطة عامة منفصلة عن الحاكم والمحكوم، تمثل أعلى السلطات السياسية. وبتلخيص مفهوم الدولة الحديث نجد أنها تتميز كمفهوم مجرد (غير شخصي) مستقل عن المجتمع بتقسيماته الطبقية والطائفية، وباستثناء الانتخابات التي تمثل صلة بين الدولة والمجتمع، فإن الأولى ترتفع فوق المجتمع على قاعدة قانونية موضوعية مسبغة عليه الشرعية والعقلانية مستندة على مبدأ الوحدة والمركزية وتوزيع الاختصاصات(7).

---

(7) مفهوم الدولة – مقال – الدكتور عبد الرحمن الحبيب – جريدة الجزيرة السعودية – 12 /9 /2005.

ومن الناحية التاريخية يتفق قطاع كبير من المؤرخين على أن مفهوم الدولة الحديثة ظهر مع كتابات مكيافيللي (ق 16). ذلك يعني أن المفهوم المحدد للدولة لم يظهر في العصور الوسطى ولا ما قبلها، رغم أن كلمة (دولة) ظهرت في الفكر السياسي الإسلامي وغيره، لكنها كانت مصطلحاً فضفاضاً يراد به عدة مفاهيم، فأحياناً هي مرادف للحكومة أو النظام السياسي أو كوزارة أو قضاء أو زعامة وقيادة (دولة بني مروان، بني عباس، بنى الأحمر..).([8])

---

([8]) مفهوم الدولة ــ مقال ــ الدكتور عبد الرحمن الحبيب ــ جريدة الجزيرة السعودية ــ 12 /9 /2005.

# من التاريخي إلى المعرفي

يرى الدكتور عبد الوهاب الأفندي أن من أهم المعضلات التي تطرحها الدولة الحديثة على المسلمين، في هذا السياق، أنها تنطلق أساساً من طبيعتها المتجردة من البعد الأخلاقي إلى درجة كبيرة. فالدولة الحديثة: رابطة تقوم أساساً على الاعتبارات المصلحية الوقتية ولا تعترف بقيم

أزلية ثابتة. وقد لخص هاري إكستاين هذا البعد قائلا إن:

"الدولة كانت استجابة وظيفية للانهيار الشامل للمجتمع الذي كان يوما متكاملا...وكبديل للقيم المعتادة والسلطات الأميرية التي كانت لا تزال جزءا لا يتجزأ من المجتمع، جاءت أفكار ميتافيزيقية ذات بعد عقلاني زائف وطبيعة لاهوتية زائفة أيضاً، بالإضافة إلى فكرة أن الدولة ذات السيادة باعتبارها المبدأ الأسمى للمجتمع المتحرر من الأعراف .. ..ويعكس الإحساس بالتفرد والعزلة الذي تولده الدولة التحلل والانفصام الذي أصاب الحياة الاجتماعية وما يصاحب ذلك من شعور بفقدان الدولة في عالم الحداثة غير

**الطبيعي والمتجرد من القيم والرافض للألوهية، وتصبح الدولة وفكرتها وهما ضروريا وإن يكن مثيرا للشفقة إلى حدٍ ما".([9])**

وما يعيب هذا الوضع في نظر إيكستاين هو:

**"فقدان الإحساس بالتكامل والتمام في الدولة المعاصرة المتطورة، فقد كان هذا الإحساس يأتي للمجتمع السياسي السابق للحداثة من فكرة الدين أو الإمبراطورية أو الاعتقاد في نظام طبيعي للأشياء. وكل هذه المفاهيم كان يمكن أن تعتبر كلمات جليلة**

---

**([9]) الإسلام والدولة الحديثة: رؤية جديدة – الدكتور عبد الوهاب أحمد الأفندي – دار الحكمة – لندن – دون تاريخ – ص 11.**

مهيبـة فـي ميـزان العـرف، وبالنسبة للمجتمـع الأخلاقـي، أمـا الآن فلـم يبـق لنـا شـيء مهيب سوى الدولة".([10])

وهكذا بنيت الدولة الحديثة على هذا الفراغ الأخلاقي وانطلقت تخلق في داخلها قيمها الخاصة بها "**منطق الدولـة**"، الذي مثل اعتبارات تعلو علـى كـل قيمـة أخلاقيـة باسـم "**مصـلحة الدولـة العليا**". ففي البداية جرى تجميع البشر ليس على أساس المبادئ بل على أساس المنفعة الذاتيـة، ثم أصبـح عليهم بعـد ذلـك أن يقبلـوا حكـم المصلحة

([10]) الإسلام والدولة الحديثة: رؤية جديدة – الدكتور عبد الوهاب أحمد الأفندي – دار الحكمة – لندن – دون تاريخ – ص 11 – 12.

الذاتيـة الجماعيـة للمؤسسـة الجديـدة التـي خلقوهـا.
$(^{11})$

ويرى الدكتور عبد الوهاب الأفندي أن ابن
خلـدون يمثـل نقطـة تأسيس **"تاريخية"** رئيسـة فـي
عمليـة تمهيـد تربـة العقل المسلـم لقبـول مـا يسمى
**"منطق الدولـة"** ارتبـط فـي الأذهـان بقـوة باسـم
ميكيـافيللي الرجـل الـذي أكسـب السياسية سمعتهـا
السـيئة. فالفضـل (المشكوك فيه) لتوجيـه الفكـر
الإنسـاني فـي هـذا الاتجـاه يعـود (وهذه مفارقـة)
للعلامـة عبد الـرحمن ابـن خلـدون. فقـد سـعى
للانشـغال بمـا يـدعي علمـاء المعاصـرون أنهـم
عـاكفون عليـه: إنشـاء **"علـم للإنسـان"**، فسـعى

---

($^{11}$) المصدر نفسه، ص 11 – 12.

لتجريد الإنسان من هذا البعد والكشف عن دوافعه "الحقيقية"[12].

وقد ظل هذا الاتجاه للبحث في ما وراء الظواهر سعياً للكشف عن حقيقتها الهدف الدائم للعلم الحديث، بالغاً ذروته عند كارل ماركس الذي زعم أنه جرد الإنسان حتى العظم، وحسب زعمه فإن جوهر الإنسان يكمن في دوافعه المادية. وجريرة ابن خلدون تختلف عن ذلك، فقد اكتشف أن الناس كانوا يتعرضون للظلم والعسف باسم كل أنواع المثاليات والأفكار، فسعى للكشف عن سبب ذلك. وقد عثر على ضالته فيما سماه الأسباب

_____

( [12] ) الإسلام والدولة الحديثة: رؤية جديدة – الدكتور عبد الوهاب أحمد الأفندي – دار الحكمة – لندن – دون تاريخ – ص 12 – 13.

"**الطبيعية**" (أو الاجتماعية حسب تعابير العلم الحديث). فالمجتمع الإنساني الذي يقوم على الأسرة الممتدة أو العشيرة يتجه بالضرورة إلى إنشاء وحدات اجتماعية تقوم على العصبية، وهي الرباط الذي يحفظ تماسك الوحدات الاجتماعية، ويشكل من ثم أساس السلطة السياسية.([13])

وهكذا ــ حسب الدكتور عبد الوهاب الأفندي ــ نجد نسقاً مضطرداً في الوجود الإنساني، حيث يميل الأفراد للتلاحم في مجموعات تقوم على النسب، وتتبع في ذلك زعيماً قبلياً تكون عشيرته الأقوى والأرفع مكانة، وهذا بدوره يفضي إلى قيام "**الدولة القاهرة**"، وتتجه الدولة بالضرورة للتوسع وضم الأقاليم والجماعات

---

([13]) المصدر نفسه، ص 13 ــ 14 ــ باختصار.

الأضعف إلى سلطانها. وهذا التوسع تحكمه قوة العصبية المؤسسة للدولة، فالدول **"العامة الاستيلاء العظيمة الملك"** (أي الإمبراطوريات) تحتاج إلى عصبية غالبة وأيديولوجية موحدة، هي الدين أو دعوة الحق.

وأخيراً فإن الدولة لا بد أن تواجه ضرورة عوامل التآكل ثم الانهيار حيث تحل محلها دولة جديدة أكثر شباباً. ولا يكون دور للدين أو الأخلاق إلا ثانوياً. وقد فنَّد ابن خلدون المفهوم التقليدي في الثقافة الإسلامية الذي يرى الدين (أو بتعبير أدق الدين الناشئ عن وحي سماوي) أساس النظام الاجتماعي والدولة، محتجاً بأن أغلب المجتمعات الإنسانية خبرت السلطة والدولة، بينما قليل منها يتبع أدياناً سماوية. فالدولة تنشأ نشأة طبيعية من الواقع الاجتماعي، لأن المجتمع يتعرض ضرورة

للتفتت إذا لم تقم فيه سلطة مركزية غالبة، وأعلى مستويات الملك: السياسي القائم على سعي عقلاني لتحقيق المصلحة العامة.([14])

والإمبراطوريات العظيمة لا تقوم إلا على أساس دعوة دينية أو دعوة حق وقضية عادلة، لاحتياجها إلى قدر زائد من التماسك لتتفوق على منافسيها، ومثل هذه القوة لا تأتي إلا عبر رابطة دينية توحد القلوب وتجمع الأمة على هدف واحد. ومن هذا المنطلق فإن الوازع الديني يدعم العصبية ويقويها. وهذا التصور الخلدوني يتسم بملامح ميكيافيللية بارزة قوية، فالدين والقضايا العادلة ليسوا قوة قائمة بذاتها بل يخدمون القوة التي تولدها

---

([14]) الإسلام والدولة الحديثة: رؤية جديدة – الدكتور عبد الوهاب أحمد الأفندي – دار الحكمة – لندن – دون تاريخ – ص 14 – 15 – باختصار وتصرف.

العصبية. وهذه النقطة تبرز الإشكال الأساسي في فكر ابن خلدون. فهو ينطلق من افتراض ضرورة البحث عن قوانين أساسية عامة تحكم العلاقات الإنسانية دون الالتفات إلى الاعتبارات الأخلاقية. فبعد أن يشرح ابن خلدون أصل السلطة السياسية وأن أساسها هو القوة الطبيعية ينتهي ببساطة بمحاولة إقناعنا بأن الحق للقوة، وأن أية محاولة لمغالبة قهر القوة المجردة باسم الحق والعدل مكتوب عليها الفشل الحتمي، لأن الحق والأخلاق عاجزان بمفردهما عن توليد قوة تقف في وجه طغيان القوة. ومثل هذه النظرة المتشائمة للطبيعة الإنسانية كانت عاملاً مهماً في تبرير السلبية

الشـاملة تجـاه التحلـل والظلـم المتفشـي فـي العـالم الإسلامي آنذاك.[15]

ويرصـد عبـد الوهـاب الأفنـدي نمـوذجين لعقلين غربيين كبيرين كلاهما واجها إشكالية الدولة عاشـا فـي العصـر نفسـه وفي الدولـة نفسـها، وكـان لكل منهما تصور مناقض لصور معاصره.

والنموذجان يؤكدان ما سبق أن أكدناه سلفاً، مـن أن التوفيـق بـين المتعارضـات قد يكون ممكناً نظريـاً، دون أن يعنـي هذا الإمكـان زوال التنـاقض فعلياً. فهو يرصد في كتابه القيم: **"الإسلام والدولـة الحديثـة: رؤيـة جديـدة"** أن المنحـى الفكـري الخلدوني برز أيضا وتم تطويره في كتابات المفكر

───────────────

[15] المصدر نفسه، ص 17 – 18 – بتصرف واختصار كبيرين.

البريطاني توماس هوبز الذي وافق ابن خلدون في أن السلطة لها منطقها الخاص، وأن الأمن والنظام لا يمكن أن يستتبا بين البشر إلا بقيام قوة قاهرة تفرض سلطانها على الجميع ويسلم لها الجميع قياده دون شروط. ويرى هوبز أن هذه السلطة السياسية تفرض مرجعيتها الذاتية ولا يحكمها إلا منطقها وقانونها. وهذا المنطق لا يرفض فقط الخضوع للقانون الإلهي، بل يستدعي أيضاً إخضاع كل المؤسسات والقيم، وضمن ذلك الدين، لسلطانه. وعند هوبز، فإن من حق هذه السلطة أن تملي على رعاياها أي قيم دينية وعقائد يتبعونها، بل لها - فوق ذلك - أن تحتكر تفسير القانون الطبيعي والحقوق التي يمنحها. وهوبز يعطي السلطان الحق النهائي في تحديد ما يمليه العقل، وما يمكن اعتباره مقتضى القانون الطبيعي. وهو

بالمثل يعطي السلطان السلطة والمرجعية الأخيرة فيما يتعلق بالقانون الإلهي.([16])

وهوبز حين نزع عن السلطة الشرعية الدينية والأخلاقية فتح الباب للهجوم على الاستبداد عموماً، وهو عندما دعا لذلك لم يكن غافلاً عن نماذج روما وأثينا اللتين شهدتا ازدهار نظم سياسية لم تكن مستبدة بالصورة التي تمنى، شأنه في ذلك شأن ابن خلدون الذي كان واعياً بنموذج الخلافة الراشدة، لكنهما احتجا بأن تلك النماذج لا تصلح للتطبيق ولا يصح الاحتجاج بها، بل إن هوبز زاد على ذلك دعوته إلة تحريم الكتب التي تتناول

---

([16]) الإسلام والدولة الحديثة: رؤية جديدة ــ الدكتور عبد الوهاب أحمد الأفندي ــ دار الحكمة ــ لندن ــ دون تاريخ ــ ص 19 ــ بتصرف واختصار.

تجارب روما وأثينا ومنعها حتى لا يتعرض العامة للتضليل!!([17])

وقد كانت التطورات السياسية في الفترة التي عاش فيها هوبز تسحب البساط من تحت أقدام نظريته المسوغة للاستبداد، وفي عام 1690 كتب مواطنه جون لوك منتقداً أطروحة هوبز في كتابه **"سفران في شؤون الحكم"**، وكان ذلك بعد عامين من نجاح ثورة 1688 التي نجحت بوضع ضوابط دستورية على السلطة الملكية، وهو ما أتاح لجون لوك أن يؤكد – بالبرهان العملي – وجود **"طريق ثالث"** بين الاستبداد والفوضى، وهو الحكم الدستوري المقيد الذي يمنع الفوضى

---

([17]) المصدر نفسه، ص 20 – 21 – بتصرف واختصار.

والاستبداد معا. وقد استخدم لوك المقدمات نفسها
التي استخدمها هوبز، وهي أن الدولة مؤسسة
خلقها البشر لتحقيق أهداف محددة، لكنها خلص
إلى نتائج متعارضة تماماً مع النتائج التي توصَّل
إليها هوبز. فبينما أكد هوبز ضرورة أن تكون
سلطة الدولة مطلقة، غير قابلة للتجزئة، ولا يجوز
تحديها أو سحب الثقة عنها، فإن لوك استنتج من
المقدمات نفسها أن سلطة الدولة يجب أن تكون
مقيدة، موزعة قابلة للتحدي والنزع. وبينما اعتبر
هوبز أن الثورة ضد الطغيان – حتى لو كان باسم
الله أو القانون الطبيعي – مرفوضة فإن لوك اعتبر
الثورة على السلطة ليست حقاً وحسب، بل واجب.
فإذا كانت وظيفة الدولة خدمة المجتمع فإن السلطة
الغاشمة هي نقيض هذه المؤسسة وأهدافها في
خدمة المجتمع. وبما أن الهدف المذكور هو مبرر

وجـود الدولـة مـن الأسـاس، فـإن المؤسسـة التـي تناقض هذا الهدف تفقد كل مبرر وأساس وتجب مقاومتها.([18])

وفـي مرحلـة تاليـة مـن مسـار تطور فكـرة الدولــة، تجسَّــد التنــاقض بـين مـا هـو علمـي (وصفي) وما هو أخلاقي، فقد استخلص هيجل من افتراضات هوبز أن الدولة (أو السلطة العليا فيها) هي المرجعية الأخيرة فيما يتعلق بالأخلاق والقيم. فالدولة عند هيجل ليست فقط الحكم بل هي التجسيد الحـي للحـق والعـدل، والدولــة ليسـت صـوت الله وحسـب، بـل هـي الله متجسدا. وبمـا أن الله (أو الروح) قد تجلى وظل يتجلى في التاريخ، وبما أن

---

([18]) الإسلام والدولة الحديثة: رؤية جديدة – الدكتور عبد الوهاب أحمد الأفندي – دار الحكمة – لندن – دون تاريخ – ص – 21 – 23 – بتصرف واختصار.

الدولـة هـي غايـة التطـور التـاريخي ونهايتـه فـإن الدولـة تكون التجلي الأسمى للحق والعدل. ومثل كل حقيقة تاريخية أخرى، فإن شرعية الدولـة تنبـع مـن وجودهـا نفسـه، وليس مـن حكـم يصـدر مـن خارجها. وبالجملة فإن الحق والقوة متلازمان، فما تفرضه القوة حق، والحق ما تفرضه القوة.(19)

_____

(19) المصدر نفسه، ص 27 – بتصرف واختصار.

# بين الله والإنسان

يــرى الــدكتور عبــد الوهــاب الأفــندي أن النظريـات السياسية الحديثـة أدارت ظهرهـا لله ـ تحديداً حين قيدت الخيارات المتاحة للإنسان، فهذه النظريات على تباينها يجمعها الافتراض المحوري لطبيعـة الدولـة، وكيفيـة أدائهـا لـدورها، هـو أن

الإنسان ليس حراً في أن يطمح إلى الكمال أو يبلغه. فقد دأبت نظريات الدولة منذ ابن خلدون على اطراح مفهوم الإنسان بوصفه كائناً يجنح بطبعه نحو الفضيلة، وقد مثّل هذا المنحى تحولاً جذرياً عن التوجه الفلسفي الذي ساد منذ أيام أفلاطون. وقد زعزع ابن خلدون هذا الأمل حين أبان أن المجتمع الإنساني، عوضاً عن أن يكون موئل الفضيلة ومضمارها، ما هو إلا هيئة تتحكم فيها المصالح الذاتية للجماعة المهيمنة التي يتحكم فيها بدورها "**منطق السلطة الغلاب**"، دون التفات إلى مقتضى القيم والأخلاق أو وازع الدين والعقائد. وقد بنى هوبز ومن تبعوه نظرياتهم على افتراض أن الإنسان يتصف بأنانية مفرطة ونهم لا يتوقف إلا بالموت. وبسبب هذه الطبيعة فإن العلاقة بين الأفراد تقوم بالضرورة على "**الصراع**". وفي

هـذه النظريـات السياسـية تحـل الجماعـة الأنانيـة (الطبقـة أو جماعـة الضـغط أو النقابـة) محـل الفـرد الأناني كأساس للتحليل ولاعب رئيس في الساحتين الاجتماعية والسياسية. وهذه النظرة لا ترفض فقط المسئولية الجماعية تجاه السعادة الروحيـة لأفرادهـا بـل تتنصـل أيضـا مـن المسئوليـة الجماعيـة تجـاه الرفاهيـة الدنيويـة. وقبـول المسلمين نموذجاً كهذا يضعهم في مأزق، فمفهوم الأمـة فـي الإسلام يقوم علـى المسئولية المشـتركة والاهتمـام المشـترك بالمصلحتين: المادية والروحية لجميع أفرادها.(20)

والقضـية الأخطـر هنـا هـي أن المسـلمين وجدواً إغراء كبيراً في هذا النموذج، والنجاح الذي

---

(20) الإسلام والدولة الحديثة: رؤية جديدة ـ الدكتور عبد الوهاب أحمد الأفندي ـ دار الحكمة ـ لندن ـ دون تاريخ ـ ص 33 ـ 35 ـ باختصار وتصرف.

أحرزه نموذج الدولة الغربي الرافض للقيم الذي أدار ظهره لله كان نجاحه حتميا، والأسوأ أن هذا النجاح كان نابعاً بالأساس من طبيعته اللادينية الرافضة للقيم. وهذه الدولة الغربية التي تفوق معظم النظم السياسية التي عرفها تاريخ المسلمين صدم اكتشافها كثيراً من المصلحين الإسلاميين في مطلع العصر الحديث.(21)

وقد كانت الهزيمة العسكرية أمام الاستعمار أول ما دفع العالم الإسلامي لبدء مسيرة التحديث، فبسبب الاقتناع بخطورة التفوق الغربي الساحق الذي هدد استقلال هذه الدول، بل وجودها، فسارعت بإجراء إصلاحات عسكرية تبعها توسع

------------------------

(21) المصدر نفسه – ص 36 – 37 – باختصار وتصرف.

في الصناعة والتعليم الفني. وترتَّب على كل ما سبق نشوء طبقة سياسية وثقافية كان لها منظور مختلف. قد نشأت الحركة الإسلامية الحديثة في كنف هذه الطبقة المتأثرة بالحداثة، وأحيانا كانت رد فعل لها. وبما أن الدولة الحديثة التي اصطلح على تسميتها **"الدولة القومية"** كانت من أبرز نتائج التحديث، كان لزاماً أن تنشأ الحركات الإسلامية في كنف هذه الدولة التي أصبحت غريمها الأكبر. مؤسس جماعة الإخوان المسلمين الشهيد حسن البنا ـ مثلاً ـ لم يتوقف طويلاً عند طبيعة الدولة التي يريد تأسيسها، حيث كان همه الأكبر **"إيقاظ الروح وإحياء القلوب"**، ورأى أن كل إصلاح آخر مرغوب فيه سينتج بالضرورة من هذا الإصلاح المركزي:

- فخلق المسلم سينتج عنه ضرورة خلق الأسرة المسلمة

- من الأسر يقوم المجتمع المسلم.

- والدولـة الإسـلامية سـتكون ثمـرة هـذا الإصلاح ولا يعقل أن تكون مبتدأه.([22])

---

([22]) الإسلام والدولة الحديثة: رؤية جديدة – الدكتور عبد الوهاب أحمد الأفندي – دار الحكمة – لندن – دون تاريخ – ص 93 – 94 – بتصرف واختصار.

# مفترق الفردية والجماعية

يرصد الدكتور عبد الرحمن الحبيب بعداً مهماً في أوجه الافتراق بين تطور **"الدولة"** في السياقين الغربي والعربي الإسلامي قائلاً إن فكرة الدولة تطورت: **"في أوربا من خلال تطور الفردانية ومفهوم الحرية المرتبط بها. فتفتيت المجتمع إلى وحدات (أفراد) يتمتعون نظرياً**

بالحرية في مواجهة بعضهم البعض هو الذي سمح بتطور مفهوم الدولة ككيان يتعامل مباشرة مع الفرد بصورة قانونية لا شخصانية، وإن كانت فردية تقوم على احترام حقوق الفرد في الأمن والملكية والاعتقاد.. أما في أدبيات الفكر السياسي الإسلامي فإن التشديد هو على الجماعة (يد الله مع الجماعة)، وعلى العدالة (العدالة أساس الملك)، ولا يحظى موضوع حقوق الفرد أو مفهوم الحرية المرتبط به باهتمام كبير. وحيث إن مفهوم العدل نسبي يختلف في التطبيق من حالة إلى أخرى، تطلب ذلك وجود حاكم صحيح الإيمان راجح العقل يتميز بقدرات تفوق غيره.. ومن ذلك أن معظم الكتابات حول الخلافة تركزت على ما يجب أن

يتـوافر فـي الخليفـة مـن صـفات وخصـال (المـاوردي، المـرادي، ابـن جماعـة..)، وفـي موضوع الحقوق تقسم غالبا إلى حقوق للإمـام وحقـوق للجماعـة، وقلمـا يشـار لحقـوق الفرد".(23)

---

(23) مفهوم الدولة – مقال – الدكتور عبد الرحمن الحبيب – جريدة الجزيرة السعودية – 12 /9 /2005.

# الدولة ومفهوم الفطرة

تقودنا الملاحظة حول التباين الواضح في رؤية كل ثقافة للوحدات المؤسسة للاجتماع الإنساني والعلاقة بينها إلى موضوع الصلة بين **"رؤية الدولة"** و **"مفهوم الفطرة"**. وتكشف الدراسات في العلوم الإنسانية الحديثة أن كل الرؤى الأيديولوجية الكبرى في العصر الحديث

(التنوير الأوروبي – الماركسية – الرأسمالية – النازية – التمركز حول الأنثى –.. .. ..) جميعها تنطلق من مفهوم لما يسمى "**الحالة الطبيعية للإنسان**". وهذا المفهوم ينبني على أفكار مسبقة لا تقبل البرهنة عليها، فهناك من يرى الحالة الطبيعية للإنسان جماعية، وهناك من يراها فردية، وهناك الفيلسوف الانجليزي توماس هوبز الذي يعتبر الإنسان بالضرورة "**ذئباً لأخيه الإنسان**"، وأن الحياة البشرية هي – بالضرورة – "**حرب الكل ضد الكل**"، أما الفيلسوف باروخ سبينوزا، مثلاً، فنفى وجود الشر نهائياً.. .. .. وهكذا.

ومن المفارقات أن هذه النظريات التي قام معظمها على إنكار الصلة بين الدين والحياة الإنسانية عموما أخذوا مفهوم "**الفطرة**" من

الأديان وأقاموا مناهجهم الفكرية بشكل مماثل تماماً
لـ "**بنية**" الدين، فهناك: غيبيات وشرائع ومنظومـة
قيم. وفي الإسلام فإن الفطرة الإنسانية هي مـن الله:
"**فطرة الله التي فطر النـاس عليها**"(24)، والنفس
الإنسانية بحسب المفهوم الإسلامي للفطرة ألهمها
الله دواعي الفجور والتقوى: "**ونفس ومـا سـواها**
**فألهمها فجورها وتقواها**"(25).

ومع بزوغ فجر "الأيديولوجيات"، بظهور
فكر التنوير الأوروبي، ظهرت للمرة الأولى رؤى
كونيـة للإنسـان (الفرد والمجتمـع)، والكـون، ومـا
وراء الكـون، تسـتند إلـى مفاهيم للفطـرة لا تعتمـد
على المصدر الديني للمعرفة. وفي كتابـه "**إميل أو**
**التربيـة**" ينطلـق المفكـر التنـويري الفرنسـي جـان

---

(24) سورة الروم: 30.
(25)سورة الشمس: 7 – 8.

جاك روسو من حتمية تاريخية، ومعظم طروحات الكتاب التي كانت حين ظهوره جديدة وثورية في ميدانها، وأهمها نظرته إلى الإنسان وعلاقة التربية بالمجتمع. ويرى روسو أن الإنسان يولد طيباً بطبيعته، لكن ظروف المجتمع هي التي، مرحلة ما بعد مرحلة، تمارس أثرها السيء عليه، ما يفقده بالتدريج طيبته. ومن هنا، أولى روسو أهمية كبيرة لدور التربية في الوصول لعمل تأهيلي منظم يبقي الإنسان مع مراحل تطوره، طيباً، حتى يكون في مرحلة تالية إنساناً صالحاً في المجتمع. والتربية الطبيعية، بالنسبة إلى روسو، **"ليست هي تلك التي تتأسس على قواعد المجتمع والتقاليد**

المدرسية، بل تلك التي يكون عمادها معرفة طبيعة الإنسان الفطرية والاشتغال عليها".(26)

وهذا "ما يفرض القيام بدراسة صارمة ودقيقة لطبيعة الطفل قبل الإقدام على تربيته". وتقوم المسألة بعد ذلك على "جعل الطفل يسلك درب الحقيقة ما إن يبدو قادراً على التعرف إليها، ومن ثم يسلك درب الخير ما أن يصبح قادراً على ذلك مدركاً المعنى الحقيقي للخير". والحال أن روسو، إذ يرسم هاتين الغايتين الرئيستين اللتين تتأسسان على مفهومي "الحقيقة" و"الخير"، يحدد دورة تربوية كاملة يقسمها إلى

---

(26) إميل أو التربية: فلتصلح الطبيعة ما أفسده المجتمع ــ مقال إبراهيم العريس ــ جريدة الحياة اللندنية ــ 14 / 8/ 2007.

أربـع مراحـل، تتميـز كـل منهـا بخصائصـها فـي ارتباطهـا بـوتيرة تطـور إدراك المربّـى للحقيقـة والخير.(27)

ويمكـن وصـف التصـور النظـري للحالـة الفطريـة للإنسـان بأنـه يعنـي معرفيـاً **"الأفكـار المسبقة"**، وبعضـها اختيـارات اجتماعيـة وثقافيـة وسياسية وبعضها معايير تصنيف، وجميعها لا تقبـل البرهنـة، وإن سيقت للدفاع عنها حجج تبدو وجيهة.

(27) المصدر السابق.

# منطق الدولة

هذا الفصل يحملُ رسالة متجهمة مظلمة: فالتحسن الملحوظ في القدرات التقنية الإنتاجية للإنسان والقوى التقنية والتنظيمية ظهرت خلال القرن العشرين فعليا خالية من القيم. القرن الذي قد شهد النمو الاقتصادي الأسرع والمجتمعات الإنسانية الأغنى على الإطلاق شهد أيضاً أعظم

جرائم الإبادة الجماعية على نحو مضاعف. الجرائم الأكبر في التّأريخ الإنساني. والمجرمون الأكثر بشاعة على مدى التاريخ، عاشوا خلال المائة سنة

الماضية.

تُقدّمُ الجداول التالية بضعة تقديرات من "R.J. Rummel's Death by Governments" وهو كتاب أخذ على عاتقه مهمة متجهمة هي مُحَاوَلَةِ تقديم حساب تقريبي لضريبة الموت العنيفة تقريباً في القرنِ العشرين. وروميل يستثنى من إحصاءاته لضحايا الإبادة القتلى الذين حصدتهم الحروب وكذلك من ماتوا بشكل "عرضي" من المدنيين في أوقات الحروب (وهي: الوفيات نتيجة ما يمكن تصنيفه عمليات

عسكرية ضد القوّات المسلحة للعدو ،أما التدريبات العسكرية مثل القصف العسكري اللّيلي البريطاني للمدن الألمانية خلال الحرب العالمية الثانية فيحسب ضمن حلقات الإبادة الجماعية).

تقديرات روميل لضحايا الإبادة الجماعية هي فقط لمن قتلتهم حكومات في غير أوقات الحرب أو بعيدا عن خطوط القتال. بعض من التقديرات صلبة، بعضها مهتز، بعضها تخمينات طائشة، بعضها لا تعد تقديرات بالمرة، وهو لم يستند إلى شيء نعرفه فيما ذهب إليه عن كوريا الشمالية خلال السنوات الخمسين الماضية، وروميل وتخمين روميل - هو لا يعتبره تقديرا - مبني على القول بأن كوريا الشمالية لم تتحسن وهي أسوأُ الآن من البلدانِ المماثلة من حيث الأيديولوجيا ودّرجة العزلة المفروضة ذاتياً.

أَعتقدُ أن بعض التقديرات عال جداً، وبعضها منخفضُ جداً (لدي شكوك في أن إحصاءات الصين الشيوعية وألمانيا النازية يجب تغييرها). لكن تقديرات لا تفتقر لأدلة وفي المتوسط ليس لدي سبب للاعتقاد بأنها تحيزات متعمدة.

الوفيات نتيجة العمليات العسكرية في هذا القرن شنيعة بما يكفي: فالحكومات وجنودهم قَتلوا ربما أربعين ومليوناً من البشر في الحرب، كانوا إما جنودا شاء سوء حظهم أن يكونوا في جيوش القرن العشرين الضخمة أو مدنيين قتلوا خلال عمليات يعلن القادة أنها استهدفت تقليص القدرة العسكرية للعدو.

# المدنيون الذين قتلتهم الحكومات خلال القرن العشرين

## الأنظمة السياسية العشرون الأكثر قتلاً

المكان (النظام السياسي)          الوفيات          الفترة

- 1الاتحاد السوفيتي (شيوعي)     61,900,000     1917 - 1990

- 2الصين (شيوعي)     35,200,000     1949 حتى الآن

- 3ألمانيا (الرايخ النازي الثالث)     20,900,000     1933 - 1945

- 4الصين (الكومنتانج)     10,400,000     1928 - 1949

- 5اليابان (إمبريالي فاشي) 6,000,000 1936 - 1945

- 6الصين (حروب عصابات شيوعية) 3,500,000 1923 - 1948

- 7كمبوديا (شيوعي) 2,000,000 1975 - 1979

- 8تركيا (تركيا الفتاة) 1,900,000 1909 - 1917

- 9فيتنام (شيوعي) 1,700,000 1945 حتى الآن

- 10كوريا الشمالية (شيوعي) 1,700,000 1948 حتى الآن

- 11بولندا (شيوعي) 1,600,000 1945 - 1948

- 12باكستان (يحيي خان) 1,500,000 1971

- 13المكسيك 1,400,000 (Porfiriato) 1900 - 1920

- 14يوجوسلافيا (شيوعي) 1,100,000 1944 - 1990

- 15روسيا (قيصري) 1,100,000 1900 - 1917

- 16تركيا (أتاتورك) 900,000 1918 - 1923

- 17المملكة المتحدة (دستوري) 800,000 1900 حتى الآن

- 18البرتغال (فاشي) 700,000 1926 - 1975

- 19كرواتيا (فاشي) 700,000 1941 - 1945

- 20إندونيسيا 1965 600,000 (Suharto) حتى الآن

لكن الأنظمة السياسية العشرون الأعلى قتلا قتلت - تقريباً - 156,000,000- مدني في هذا القرن. الحروب كَانت٧ خسائرها أقل من ربع هذه ضريبة الموت الباهظة هذه بعيداً عن ميادين القتال وفي فترات السلم، فبعض حكومات هذا القرن أيديها ملطخة بدماء:

- أعداء طبقيين

- أعداء عرقيين
- أعداء سياسيين
- أعداء اقتصاديين
- أعداء متخيلين

سمهم أنت، وقد ذبحتهم حكوماتهم بالمعنى الحقيقي.

دعنا نسمي أولئك الزّعماء الذين ذبحت أنظمتهم أكثر من 10 ملايين من إخوتهم في الإنسانية **"أعضاء نادي العشرة ملايين".**

كل التاريخ السابق على القرن العشرين قد يكون (وقد لا يكون) قَد شهد عضوين فقط من أعضاء **"نادي العشرة ملايين":**

- جنكيز خان، حاكم المغول في القرن الثاني عشرِ، الذي انطلق في غزوات دّموية كبيرة من قلب آسيا والصين.

- ومؤسس سلالةِ يان الصينية الحاكمة. (رحلات ماركو بولو وصلت بلاط إمبراطور يان، قبلاي خان).

- وهونغ كسيوكوان، مفكر الصين في منتصف القرن التاسع عشر الذي أعلننفسه أخا أصغر للسيد المسيح وأطلقَ التمرّد المسلح في تيبيينج.

ولا يوجد فردُ بعينه لَعبَ دوراً هامّاً في خلق ونموِ تجارة العبيدِ الأطلسيةِ الحديثةِ المبكّرةِ، أو في استغلال المرضِ على نحو مخطط لإبادة السكان الأصليين في الأمريكتين. أولى هاتين الحلقتين

التّاريخيةِ كَانت إبادة جماعية **"سوبر"** بامتياز الثّانية ــ ليس على وجه التأكيد ــ قد تكون فقط إبادة جماعية بالمقارنة.

القرن العشرون شهد ربما خمسة أعضاء من نادي **"العشرة ملايين"**، في أولهم بالترتيب الأبجدي:

- أدولف هتلر
- تشيانج كاي شيك
- فلاديمير لينين.
- جوزيف ستالين.
- ماو تسي تونج.

هتلر، ستالين، وماو لديهم أوراق اعتماد تؤهلهم لعضوية نادي الثلاثين مليوناً بل ربما حتى نادي الخمسين مليونا على نحو جيد. معرفتنا بما

حدث داخل الصين، الاتحاد السوفيتي، والرايخ الثالث ناقصة جداً. ونظام دموي أياديه ملطخة بالدم مثل نّظام سوهارتو في إندونيسيا الذي تلطخ يديه دماء حوالي 450,000 شيوعي، مشتبه في أنهم شيوعيون، وآخرون كانوا ببساطة في المكان الخطأ في الوقت الخطأ عند نشأته عام 1965، وربما 150,000 من سكان تيمور الشرقية التي استولى عليها بالقوة منتصف السبعينات، مثل هذا النّظامِ يَجعل قائمة الأكثر في القرن العشرين الأكثر قتلا بالكاد تثير القلق على إبادة المدنيين.

## أصول الإبادة الجماعيةِ القرن العشرون

يرجع البعض بدايات ثقافة الإبادة الجماعية في القرن العشرون، للانقلاب في القواعد التّقليدية للحرب الأوروبية التي ميزت بشكل حاد المقاتلين

عن غير المقاتلين. في حرب البوير عند منعطف القرن في جنوب أفريقيا وجد الجيش البريطاني نفسه في مواجهة موجه عنيدة من حرب العصابات هزيمة الجيوش النظامية لجمهورية البوير. الجيش البريطاني رَد باختِراع معسكر الاعتقال كما نَع٧رفه: تقليل سكان الرّيف وحِشد المدنيين معاً. وانتشر المرض وكانت الوفيات عالية نسبيا رغم أنها الأقل بين كل الحالات المماثلة في القرن العشرين.

الآخرون اقتفوا آثاره في مدح العنف الذي رَافق دائما الاشتراكية في نسختها الماركسية. في كتابات ماركس، المؤسسات السياسية الديموقراطية، الحقوق الفردية، والحوار العام دائما أقنعةٌ وأكاذيبُ في غياب المساواة الاقتصادية الجوهرية ويجب محارتها بعنف مثل إقطاعيي

القرون الوسطى الذين كانوا يذبحون الفلاحين إذا عجزوا عن دفع إيجارات أراضيهم.

آخرون يرجعونها (ثقافة الإبادة الجماعية) إِلى الثّورةِ الفرنسيةِ كبرى ثورات القرن الثامن عشرِ، إِلى فلاسفة سّياسيين مثل جان جاك روسو، وإلى الفكرة التي مفادها أي حزب سياسي يمثل الأمة يخوض صراع حياة أو موت مع العدو فلا يجوز النقاش بشأن وسائل الصراع.

آخرون يقولون إنها (الإبادة الجماعية) كانت تحدث دائماً، لكن قبل القرن العشرين كانت الحكومات والديانات عموماً بسبب نَقص قدراتها التّنظيمية، كان النقص بالتأكيد حافزاً لإبادة عشرات الملاين من إخوانهم. كان بإمكانهم إدارة مذابح، تطهير، إحراق ساحرات بشكل جزئي،

ووحده غياب تقنيات الاتصال الحديثة والمنظمة ما حال بينهم وبين انتقالهم لهذا الحجم الضخم من مذابح الإبادة الجماعية كالخمير الحمر.

كان أسقف كاثوليكي فرنسي هو من قال عندما سئل كيف تمييز الزّنادقة من المؤمنين الحقيقيين في مدينة تم الاستيلاء عليها حديثا، ويقولون إنه قال:

**"اقتلهم جميعا! الله سيتعرف على عباده".**

وهناك بعض الحقيقة في كل من هذه التّفسيرات. كمثال، ممارسة لجنةِ روبيسبير للسلامة العامّة خلال الثّورة الفرنسية في إعدام ليس فقط الزّعماء لكن أيضا أبتاع وعائلات معارضيهم السّياسيين (ممارسة روبسبير انقلبت

عليه عندما استخدمها ضده خصومه السياسيون بمجرد أن أمكنهم ذلك)، وممارسات الجيشِ في إخلاء السكان من المناطق المتململة مثل فاندي (فندييه) الفرنسية الغربية، وممارسة إجراء محاكمات معدة سلفا لإضفاء قشرة رقيقة من "**المشروعية**" وبناء عليها تنفيذ عمليات قتل سياسي، كل هذه الممارسات تجد أصلها في الثورة الفرنسية.

الحلقتان الرّئيستان الأوليان الإبادة الجماعيةِ في هذا القرنِ، ربما المليون فلاح الذين قتلوا في روسيا في العقدين الأخيرين من حكم النّظام القيصري وما يناهز المليون مدني الذين ماتوا في العام الأخير من حكم الرئيس بورفيريو دياز وسَّنَوات الثّورةِ في المكسيك، ويشبهان إلى حد بعيد الاستعمال التّقليديِ للعنف على يد أرستقراطية

لتحافظ على القوة والثروة، والفرق انتشار الكتابة كنتيجة لتقنيات اتصال أفضل وأكثر تنظيماً.

لكن القدرة الأكبر للحكومات على تخطيط وتنفيذ عمليات تطهير، وحدة الصراعات الإثنية وصعود العنف القومي لم تكن كافية معا لإطلاق شرارة الإبادة الجماعية التي شهدها هذا القرن. لقد تطلب هذا وجود حركتين سياسيتين: الشيوعية والفاشية وكلتاهما كانت في صميمها حركة ذات عقيدة اقتصادية.

## الشيوعية والنازية

الشيوعية كما نعرف كان مولدها عندما استولي في نهاية 1917 جناح فلاديمر لينين المنشق عن اليسار الروسي "**البلشفي**" أو ما كانوا أغلبية الحزبِ الدّيموقراطيِ الاجتماعي الرّوسيِ

الموحّد، موجهين ضربة لحكومة كيرينسكي المؤقتة. حرب أهلية وحشية تَلت ذلك، فالـ "**بيض**" مؤيدو القيصر والأوتوقراطية المحلية يَطلبون استقلالاً فعّالاً، وأتباع لينين الـ "**حمر**" ومعهم قوات أخرى ضالّة، ضمنها جيش تشيكي وجد نفسه

في البداية محاصرا ثم حاكما فعليا لسيبيريا، وكتائب يابانية (الولايات المتحدة أرسلت كلا الفريقين العسكرية بهدف تحرير أرض تكون قاعدة للقوات المعاداة الشيوعية، ولتوفير إمددات غذائية لسكان المناطق التي يحكمها الشيوعيون)، وهؤلاء، قاوموا لثلاث سنوات تالية في معظم روسيا.

عندما انتهت الحرب الأهلية كان نظام لينين يحكم. القادة العسكريون للنظام القيصري كانوا أمواتاً أو منفيين في باريس. أي وسط ليبرالِي ديموقراطي ليبرالي

اجتماعي تم تطهيره (التخلص منه) على يد **"البيض"** أو **"الحمر"** خلال مسار الحرب الأهلية. والمجموعة الصّغيرة نسبيا من الغوغاء الذين تجمعوا تحت راية لينين قبل الثّورة وَجدوا أنفسهم أمام مشكلة إدارة دولة وبناء مدينة فاضلة (يوتوبيا) بمساعدة أولئك الذين قاموا بالدعاية لـ **"الحمر"** ومن وقفوا ضد **"البيض"** ومن ارتبطوا بهتلر خلال الحرب الأهلية.

أول ما واجه نظام لينين كان ضرورة إزالة الرأسمالية. طبقاً للنّظرية الماركسية التي آمن بها

لينين بعمق، الرأسمالية ـ الملكية الخاصة للأعمال والأرض من الأعمال والأرض، والمنفعة الشخصية ـ كَانت مصدرَ التّفاوت الطبقي أو الاستغلال. لكن كيف يمكنك إدارة صناعة وحياة اقتصادية في أصحاب الأعمال ممن تعتمد دخولهم ومستوياتهم الاجتماعية بشكل مباشر على ازدهار المشاريع الفردية، ومثل هؤلاء لديهم الحافز لأن يصنعوا، الجزء الذي يخصهم من الاقتصاد والقوة المنتجة.

جواب لينين كان أن تنظم الاقتصاد مثل جيش:

- **من أعلى لأسفل**
- **مخطط.**
- **هرمي.**

- **خطط معدة**
- **مدراء أقل كفاءة ينجزون المهام التي تقررها القيادة.**

وكان لينين معجباً باقتصاد الحرب الألماني المخطط مركزياً في الحرب العالمية الأولى. الأمر الثاني الذي واجه نظام لينين كان تصنيع روسيا. خائفا من أن القوى الصناعية الكبرى قد تقرر أن تزيل نظامه، وبيأس من يدرك درجة تخلفه الصناعي، بدا للينين وأتباعه أن جعل النظام العسكري في خدمة التصنيع كان أساسياً.

الأمر الثالث كَانَ أَن يبقى نظامه. وكما كتب المؤرخ البريطاني إيريك هوبسباوم عن نظام لينين: "**كما يعترف لينين . . . كل ما كنا نسعى إليه هو ما كان في الواقع ... المؤسسة**

الحاكمة للدولة. ولا شيء غير ذلك. مع هذا، من حَكم البلد في الحقيقة كان ضعف الفئات البيروقراطية الصغار والكبار. . . "

وحتى تبقى حكومة لا يوجد فئات اجتماعية قوية أو جماعات مصالح يربطها بها أسباب للموالاة العقائدية فإن الأمر يتطلب الكثير من القسوة .قمع هائل مورس ليس فقط ضدّ المجتمعِ خارج الحزب الشيوعي لكن ضد نشطاءِ الحزب الشيوعي نفسه. أي **"اقتصاد بالأمر"** ظهر لكونه من متطلبات "حكم بالأمر" أيضاً. ربح الحزب الشيوعي الحرب الأهلية الروسية كحزب دكتاتوري واحد مدعوم بشرطة سرية قوية وعدوانية، التزمت استعمال الإرهاب الجماعي

لقمع أعداء الثورة، ولمنع ظهور ديمقراطية أو حوار داخلي لمناقشة إدارة الدولة وسياستها.

وكما حذرت الماركسية الألمانية روزا لكسمبورغ، العملية تبدأ بالحكم باسم الناس، ثم إحلال عدالة الحزب الشيوعي محل رغبات الناس ثم إحلال قرارات اللجنة المركزية محل العدالة الثورية، ثم إحلال نزوات الديكتاتور محل قرارات اللجنة المركزية. والدكتاتور الذي ربح الصراع على السلطة بعد موت لينين – جوزيف ستالين – كان شخصية سيكوباتية مصاباً بجنون العظمة، وقد جعل إرهاب لينين يبدو معتدلاً ومقبولاً.

الفلاحون أطلق عليهم النار وماتوا من المجاعة ونفي الملايين منهم إلى معسكرات

السخرة في سيبيريا بالملايين في الثلاثينات. عُمّال مصانعِ أطلق عليهم النار أَو نُفُوا إلى معسكرات السخرة في سيبريا لإخ٧فاقهم تحقيق معدلات الإنتاج المفروضة من القيادة. متثقّفون أطلق عليهم النار أَو نُفُوا إلى معسكرات السخرة في سيبيرياِ لأن ولاءهم لستالين غير كاف، أَو لانحيازهم لسياسات أعلنها ستالين في العام السابق وتبين أنها ستؤدي لتغيير بطيء.

نشطاء شيوعيون، بيروقراطيون، وشرطة سريون، أكثر مِن٧ خمسة مليون مسؤول حكومي وأعضاء حزب قتلوا أَو نُفُوا في حملةِ التطهير الكبرى في الثلاثينات أيضاً. كُل أبناء جيل ستالين ممن كانوا في السابق مساعدين للينين رحلوا بنهاية الثلاثينات. المندوبون الـ1800 إلى مؤتمر الحزب

الشيوعي عام 1934، أقل من نصفهم كان على قيد الحياة بحلول عام 1939.

ونحن حقيقية لا نعرف كم عدد الناس الذين ماتوا على يدي النظام الشيوعي في روسيا. بينما يَكتبُ باسيل كربلاي في مجتمعِه السوفيتيِ الحديثِ، نَعرفُ أكثر عن عدد الأبقار والخِراف في الثلاثيناتِ أكثر من معرفتنا عن عدد من ماتوا من معارضي ستالين، الأعداء الوهميون (المتخيلون)، والمتفرجون الذين قتلوا.

آر. جي . روميل يقدر العدد بـ 62 مليون ميت.

وقصّةَ ماو في الصين مشابهة لقصّةِ ستالين في روسيا: نفس الالتزام عديم الرحمة

باستِعمال أي وسائل ضرورية لإعادة صنع المجتمع والإبقاء على حكم الحزب الشيوعي،

نفس الرغبةِ في الهيمنة على كل القوى الاجتماعية الأخرى وبناء الاقتصاد والحياة الاجتماعية بشكل مركزي ذي تنظيم شبه عسكري، نفس أوهامِ العظمةِ والشعور بالاضطهاد .

مُساعدو ماو كَانوا ربما أفضل مِن مساعدي ستالين في محاولتهم إبعاده عن السلطة

بهدوء ليصبح منصبه رمزيا: ليو تشاو تشي ودينج سياو بنج اعتقدا بأنّهم أنجزوا ذلك إثر النتائج الكارثية التي نجمت عن السياسات الاقتصادية للخمسينات التي أدّت إلى مجاعة ضخمة قَتلت عشرات الملايين.

لكن رغبةَ مُساعديَ ماو في السيطرة على زعيمهم المذعور أطلقت شرارة الثورة الثقافية، ضربة ماو المضادة التي فيها حشّدَ الشباب والعقائديين المتطرفين ضدّ الهيكل التنظيمي للحزب الشيوعي، وفي النهاية ببساطة زادت الخسائر في الأرواح.

ثالث زعماء الأنظمة السياسية الأكثر قتلا في القرن العشرين، أدولف هتلر في ألمانيا النازية، ربما لم يجار أياً من نظيريه: ستالين وماو في طول استبداده، لكنه بالتأكيد كَانَ سيدَهم في الشر. صنع جماهيرية على ساحة السياسة الألمانية باستغلال الاستياء القومي من أولئك الذين هزموا ألمانيا في الحرب العالمية الأولى ومحنة الكساد الاقتصادي العظيم. اكتسب قوة بهزيمة السياسيين اليمينيين الذين أدخلوه الوزارة لزيادة رصيدهم في الشارع..

وبسرعة حول ألمانيا إلى دكتاتورية شمولية مركزية، وكانت فيها، نظرياً على الأقل، كُلّ المؤسسات الاجتماعية والاقتصادية "منضوية" تحت الحزب النازي. "ما الذي نحتاجه لجعل الصناعة أَو الزراعة جماعية؟ أن نجعل البشر جماعيين"! وحتى بداية الحرب العالمية الثانية كان الإرهاب، بمعاييرِ القرنِ العشرين، صغيرة نسبياً: قتل، سجن،

مضايقة اليهود، نشطاء معارضون سياسيون، شواذّ جنسياً، وبعض المعاقين والمرضى العقليين. بعد بداية الحرب العالمية الثانية، دارت ماكينة الإبادة وتحركت على نطاق واسع. البعض عملوا حتى الموت في معسكرات السخرة ووضعوا تحت تصرف شركات ألمانية مثل كروب وآي. جي. فاربن.

البعض أطلقت النار عليهم فرق إبادة منتقلة. وكثيرون أطلق الجيش النار عليهم وهم بعيدون تماماً عن خطوط القتال. البعض تركوا للموت في معسكرات الاعتقال. وكثيرون آخرون على خطوط التجميع في معسكرات الإبادة.

بالنسبة لستالين وماو يمكن الإشارة إلى أسباب ـ أسباب مجنونة وأفكار خاطئة، هذه

حقيقة، لكنها رغم هذا تبرر ـ فتصرفاتهم وأعمال القتل التي قاموا بها يوجد إحساس بأنها في النهاية أهداف نشترك معهم فيها من الازدهارِ العام والتنمية الإنسانية وسبب اختيارهم الطريق الذي يقول عنه الشاعرَ دبليو. إتش . أدن **"قبول تحمل الذنب عندما يكون القتل ضرورياً"**. وكانت هناك حاجة للثورة الثقافية في الصين لإبقائها بلداً شيوعياً

يمكن أن يصبح يوما ما مدينة الحرية والمساواة الفاضلة. ولمنعها من الانحطاط إلى ديكتاتورية بيروقراطية مثل الاتحاد السوفيتي. الذبح الجماعي لفلاحي أوكرانيا، كان ضرورياً لأن زراعةً مستندة على المزارع الخاصة والحيازات الصغيرة بدلاً من مزارع جماعية وزراعة مميكنة تكن أبدا لتنتج الزيادة الإنتاجية الكافية لإشباع سكان مدن كانت تنمو بسب عملية تصنيع الاتحاد السوفيتي. هذه التبريرات كانت خاطئة – خاطئة بشكل مجنون – لكن التنمية الاقتصادية وتجنب الاستبداد البيروقراطي أشياء جيدة.

لكن ماذا عن هتلر؟ قتل في معسكرات الاعتقال، معسكرات الإبادة، العمل الإجباري، قتل ستة ملايين يهودي، ومليونين من جنسيات متفرقة في غرب أوروبا، واثني عشر مليوناً تقريباً من

أوربا الشرقية بالإضافة إلى الوفيات المترتبة على الحرب العالمية الثانية؟

لماذا؟

لتقليل احتمال أن يكون "**العرق**" الألماني قد تلوث بفعل الزواج المختلط، ولتوفير "**فضاء للحياة**" للمزارعين الألمان.

ستالين وماو ما زال لديهما من يدافعون عنهما: الناس الذين يرفعون يدا واحدة معترفين بأنه "**ليس هناك شَك في أنه تحت حكم قائد أخر [غير ستالين . . .]معاناة سكان [جمهوريات الاتحاد السوفيتي] كَانَ يمكنُ أَن تكون أقل، وكذلك عدد الضحايا**"؛ ومن ناحية أخرى يكتبون باليد الأخرى:

"أي سياسة للتحديثِ السريعِ في الاتحاد السوفيتي .. . كانت حتما ستكون قاسية، ولأنها مَفرُوضَة قسرا على الأغلبية وتفرض عليهم تضحيات خطيرة، إلى حد ما قسرية. . فهي أقرب إلى عملية عسكرية منها إلى مشروع اقتصادي. من ناحية أخرى. . . التَصنيع الخطر في الخطط الخمسية الأولى (1929-41) صنعه كل "**الدم، الكدح، الدموع، والعرق**"، المفروض على الناس. . .الذين تم تشجيعهم على التضحية بأنفسهم.

هتلر، على أية حال، ليس لديه من يدافع عنه، ليس لديه واحد ليدعي أنه ربما استعمل وسائل مفرطة للوصول لنهايات الجيدة. أهدافه النهائية ـ النقاء العرقي الآري للشعب الألماني، و"**فضاء حياة كافٍ**" تحت تصرف الأمة الألمانية

لتتمكن من السيطرة على العالم – بعيدة، بعيدة، بعيدة خارج حدود ما يمكن تبريره.

## العقيدة الاقتصادية والقتل السياسي

ما الأثر الذي تفعله هذه الدموية السياسية وهذا التاريخ للبوليس السري في بالتاريخ الاقتصادي، بقصة كيف ينتج ناس، ويوزعوا ويستهلكوا سلعا يحتاجونها وأخرى يرغبون فيها لحياة أفضل مادياً.

أولاً، احتمال أن تطرق الشرطة السرية بابك وتَسحبُك للتعذيب والموت تهديد خطير لمستواك المادي. فيلسوفُ القرن السابع عشر السياسي توماس هوبز كتب أن الناس يمكن تحفيزهم بالعصا والجزرة: **"الخوف من موت وحشي والطموح لحياة أفضل".**

وفي قرن يكون فيه احتمال اختيار شخص عشوائيا ليقتل برصاصة أو ليموت جوعاً على يد الحكومة اقتربت من 5%. وحقيقة النطاق الواسع للقتل السياسي أصبحت سمة مهمة جداً للحياة اليومية، وللحياة المادية الأفضل.

ثانياً، القرن العشرون فريد في أن ما شهده من: حروب، حملات تطهير، مذابح، وإعدامات، كان جزءاً من الصراعات الاقتصادية.

قبل القرن العشرين قتل الناس بعضهم بعضاً لأسباب:

- دينية: أهل الجنة وأهل النار
- كما قتل بعضهم بعضا في الصراع على القوة: من يكون القوة المهيمنة

● وأيضا للسيطرة على الثروات المادية للمجتمع. وهذه الدوافعِ، إلى حدّ ما، مفهومة.

لكن في القرن العشرين وحده قتل الناس بعضهم بعضاً على نطاق واسع لاختلافهم حول التنظيم الاقتصادي للمجتمع.

الشيوعية رأت نفسها نمطاً طوباوياً من التنظيم الاجتماعي والاقتصادي، فدخلت صراعاً مميتا مع الأنماط الأخرى **"الرأسمالية"** و**"الإقطاع"**. ومعارضو الأنظمة كان يجب أن يموتوا لأن وجودهم القوي كان يعزز موضوعية أشكال التنظيم الاقتصادي المضادة، ويمنع إنجاز الازدهار واليوطوبيا العالمية.

النازية في أصولها كانت "اشتراكية وطنية": حزب العمال الوطنيين الاشتراكيين الألمان. هؤلاء النازيون اعتبروا "الاشتراكيةَ" دلالة قوية على رغبة جدية من ناحية الحكومة النازية في توزيع متساو لأموال من ماتوا في حملة التطهير عام 1934، بعد عام ونصف من قوة هتلر. لكن خطاب معاداة الرأسمالية بقي ـ كان من ثوابت الدعاية الألمانية المقارنة الدائمة بين عمال ألمان مهرة وممولين يهود ذوي دم ملوث. وكان تبرير النازيين لاستيلائهم على السلطة يجد جذوره في كل من: الرغبة في محو عار هزيمة ألمانيا في الحرب العالمية الأولى (معاهدة الحدود المجحفة التي فرضها عليها المنتصرون) وفي الفقر المحبط الذي

سببه الكساد العظيم، دافعا جمهورية فايمار الليبرالية للإفلاس السياسي.

العقائد الاقتصادية للشيوعيين والنازيين لم تلعب دورا هاما لا في تعزيز قوتهم ولا الحفاظ عليها. إن رئيس الحزب الشيوعي السوفيتي في قرية أوكرانية يظل متحكما في كل بقرة يملكها مملوكة ملكية فردية أو جماعية. لينين وخلفاؤه واجهوا مشكلة صغيرة في الإبقاء على سيطرتهم السياسية خلال العشرينات، حقبة "**السياسة الاقتصادية الجديدة**" التي سمح الحزب فيها بإحياء المبادرة الفردية الخاصة. وعيوب محاولة إخضاع الحياة الاقتصادية للتخطيط المركزي الوطني كانت واضحة منذ وقت مبكر في النظام. قوّة الحكومة النازية اعتمدت على

طريقتها في استخدام الشرطة وعلى الإرهاب. نزع ملكية المشاريع اليهودية، جمع معظم الصناعة في يدي الشخص الثاني في القيادة هيرمان جورنج، ومحاولة فرض التخطيط المركزي لأغراض عسكرية لم تُساعد النظام النازي: نجاحه في تعبئة الموارد الاقتصادية الوطنية للحرب العالمية الثانية كانت أقل مما حقق ستالين في روسيا، وتشرشل في بريطانيا، أَو روزفلت في أمريكا.

لكن هذه العقائد الاقتصادية لعبت دوراً هائلاً في خلق وتنشيط الحركات، وفي توجيه أعمالهم وهم في الحكم.

فيديل كاسترو يحكم في هافانا سواء سمح للمزارعين ببيع محاصيلهم في الأكشاك على الطريق، أو لم يسمح بذلك. سيطرة دينج زياو بنج

على الصين لم تضعف قراره أن يكون واقعيا: بإعلانه أن القط الجيد هو الذي يمسك الفئران وليس الذي يتفق لونه مع الأيديولوجيا. القوة، الحالة الشخصية، والخلاص الأبدي لم تكن كان تأثيرها قليلا في التحول السوفيتي للزراعة الجماعية، أو القمع الكوبي للأسواق الصغيرة، أَو كارثة قفزة ماو الكبيرة للأمام. هذه كانت في معظمها وظهرت بالتأكيد على السطح لتكون محاولات لتغيير الاقتصاد ليلبي الحاجة لإعلان أن هذه العقيدة أو تلك ضرورية.

كوارث القرن العشرين الأخرى كان لها جذور قوية في الأفكار الاقتصادية: من الصعب رؤية الحرب العالمية الثانية في غياب فكرة أدولف هتلر أن الألمان يحتاجون لأرض أوسع سماها "**المجال الحيوي**" أكثر إذا أرادوا أن يصبحوا

"أمة قوية"؛ معتقدا أن المستعمرات وراء البحار أمدت زودت القوى المتنافسة قبل الحرب العالمية الأولى بقوى اقتصادية جبارة.

. . . . . . . .

لذا فإن جزءاً مهما جداً من تاريخ القرن العشرين هو حقيقة أن أسباب إراقة الدماء

يرجع معظمها للعقائد الاقتصادية، والعقائد المتصلة بالعالم: كيف يعمل، وكيف يجب أن ينظم.

(*) أستاذ الاقتصاد المشارك ـ جامعة كاليفورنيا ـ الولايات المتحدة الأمريكية.

**وبعد:**

الدولة في النهاية ليست وسيلة لإنتاج هوية المجتمع، بل هي مرآة لهذه الهوية، والجزء الأكبر من النقاش الدائر الآن حول إعادة بناء السياسي في أكثر من دولة عربية مداره الخوف من أن تتحول الدولة من أداة للتنظيم إلى **"دولة صاهرة"** على النسق الفرنسي تعيد **"خلق"** مواطنيها وفقا

لمواصفات معدة سلفا (دينية أو قومية أو تنويرية)، والحقيقة الغائبة في هذا المناخ المشبع بالهواجس أن هذه **"الدولة القاسية"** (حسب تسمية الخبير الاقتصادي الباكستاني نجم الثاقب خان)(28) لم تعد موقع ترحيب في عالم اليوم لأنها تستدعي بالضرورة **"القائد الكاريزما"**، وبعدها تستكمل الدولة كل أدوات **"الدولة البوليسية"**.

وعليه فإن استدعاء مفهوم **"دولة القانون"** ومنحه الصدارة في هذا النقاش قد ينزع فتيل التأزم الذي يبدو في السجال بين الإسلاميين وخصومهم حول الدولة والنظام السياسي في أكثر من دولة عربية.

---

(28) الدولة القاسية والقائد الكاريزما – مقال – ممدوح الشيخ – جريدة البيان الإماراتية – 1 /1/ 2007.

المؤلف

ممدوح الشيخ

مفكر

نشر له مئات المقالات والدراسات في عشرات الدوريات العربية.

صدر له أكثر من عشرين مؤلفاً في القاهرة وبيروت ومسقط.

نال جوائز مصرية وعربية في الشعر والمسرح والرواية.

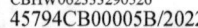